2415.

DE L'INÉVITABILITÉ

D'UNE GUERRE PROCHAINE

AVEC L'ANGLETERRE.

DE L'INÉVITABILITÉ

D'UNE GUERRE PROCHAINE

AVEC L'ANGLETERRE,

PRÉSENTÉE COMME CONSÉQUENCE

DE LA GUERRE D'ESPAGNE.

Par A. Loève-Veimars.

Les Confédérations seraient un moyen sûr
de conserver l'équilibre, et de maintenir ainsi
la liberté des Nations, si tous les Souverains
étaient constamment éclairés sur leurs véritables intérêts, et s'ils mesuraient toutes leurs
démarches sur le bien de l'État.

(Vattel, *Droit des Gens*, t. III, ch. III, § 49.)

PARIS.

PLANCHER, LIBRAIRE, QUAI SAINT-MICHEL, N° 15.

1825.

DE L'INÉVITABILITÉ

D'UNE GUERRE PROCHAINE

AVEC L'ANGLETERRE,

PRÉSENTÉE COMME CONSÉQUENCE DE LA GUERRE CONTRE L'ESPAGNE.

— Des agressions. — De l'aggression de la France envers l'Espagne

Lorsque la France voulut être libre, une coalition formidable s'éleva contre elle.

Suspendant leurs sanglans débats, des puissances jusqu'alors divisées, étonnèrent le monde de leur union.

Déchiré par une guerre intestine, à la fois politique et religieuse, le peuple français opposa une noble fermeté aux efforts de ses ennemis : on sait quel fut le prix de son courage.

C'est dans ces temps que Burke démontrait que la guerre devait être faite contre les Français, à cause de leurs formes âpres, de leur langage grossier.

M. Windham motivait son refus de voter pour la paix, sur l'urbanité des Français, leur langage poli et leurs manières insinuantes.

Un troisième regardait comme un motif de guerre l'expatriation d'une classe d'hommes, qui avaient abandonné leur pays au moment du danger.

Les autres argumens des orateurs britanniques, en faveur de la guerre, étaient de cette force ; ils arguaient de la crainte d'une *contagion morale*, des dangers que courait la foi chrétienne, et de la nécessité de rétablir en France les institutions monarchiques.

L'éloquence austère, la vertueuse indignation des Fox, des Shéridan, des Stanhope, des Erskine, succombèrent sous les arguties de Grenville, sous les maximes atroces de Pitt et de Windham ; le monde fut ensanglanté de nouveau, et trente ans de carnage furent le fruit du machiavélisme du ministère anglais.

En vérité, il semble que nous ayons pris à tâche, en 1823, d'imiter, à l'égard de l'Espagne, la conduite de l'Angleterre envers nous, en 1793.

La France de 1823 imiter l'Angleterre de 1793 !

Mais où sont ses flottes ? où sont ses trésors ? où est le Burke qui fascinera la nation de l'éclat de son éloquence ? où est sur-

tout le Pitt qui doit élever l'égide puissante
du génie au-dessus de son front coupable, et
répondre par de criminels succès aux gémis-
semens de la patrie éplorée?

Je vais placer sous les yeux de mes conci-
toyens les pièces de ce fameux procès, dans
lequel, selon l'expression d'un tribun, le genre
humain est encore la partie plaignante. L'analogie qui règne entre les événemens de cette
époque et ceux qui pèsent sur nous en ce
moment, frappera tous les esprits. Où les
causes sont les mêmes, il est permis d'attendre
les même effets.

Pour moi, mettant à part les ressources si
faciles de la phraséologie, je me bornerai, dans
la première partie de ce tableau, au simple
exposé des faits; persuadé qu'aux dernières
pages de ce narré succinct, la guerre, devant
laquelle semblent aujourd'hui reculer ceux-
là même qui n'ont pas craint de la faire naître,
apparaîtra dans toute son inévitabilité. L'une
de ces pages se termine ainsi :

« La Convention nationale s'est vue forcée,
par les intrigues du cabinet anglais, de déclarer que la république française était en guerre
avec le roi d'Angleterre. »

Abordons, sans plus de préambule, cette

partie de l'histoire de la France, ou si l'on veut, de celle de l'Espagne.

Le 4 février 1790, Louis XVI se rendit, de son propre mouvement, à l'Assemblée, pour annoncer aux représentans de la nation la ferme résolution où il était *de ne professer, de concert avec eux, qu'une seule opinion, qu'un seul intérêt, qu'une seule volonté : l'attachement à la constitution nouvelle, et le désir ardent de la paix, du bonheur et de la prospérité de la France.*

Cette démarche inattendue causa autant de surprise que de joie : on crut la révolution terminée.

Mais M. Pitt pensait autrement.

A l'ouverture de la session du parlement, qui eut lieu le 21 janvier 1790, le ministre, malgré ses dispositions pacifiques, demanda une augmentation de la marine et des forces de terre. « C'est au moment, disait M. Fox, où » le discours du roi annonce la paix, qu'on » propose d'augmenter les armées. S'il existe » un danger pressant, pourquoi ne pas le dé- » voiler aux représentans de la nation ? S'il n'y » a pas de nécessité d'accroître les charges du » peuple, pourquoi consentir à être le jouet » des ministres ?... »

La position géographique de l'Angleterre interdisait aux ministres la ressource des cordons sanitaires; aussi, M. Grenville, chargé d'appuyer la demande, échoua-t-il dans son entreprise.

Dans le même temps, en France, des discours à la tribune avaient éveillé la méfiance sur les vues du ministère anglais; des bruits circulaient dans le public, qui accusaient le cabinet de Saint-James d'avoir soudoyé des scélérats pour augmenter les troubles de la capitale de la France, et souiller par des forfaits les premiers élans du peuple vers la liberté. La lettre qu'écrivit à ce sujet le ministre des affaires étrangères (1) à l'assemblée nationale, est digne d'attention. On y voit que le complot dont il s'agit, avait été médité et proposé par des *inconnus*, sur lesquels on n'a pu se procurer aucun éclaircissement.

Les mouvemens que se donnaient les agens des différentes puissances de l'Europe pour préluder à un traité de coalition contre la France, excitaient la plus vive inquiétude dans ce pays. L'assemblée constituante ne tarda pas à la partager. Elle chargea ses comités

____

(1) M. de Montmorin.

militaires et de recherches de lui présenter un rapport.

Mirabeau fut nommé rapporteur.

Après avoir jeté quelques regards, comme le fit récemment un orateur des Cortès, sur toutes les puissances de l'Europe, il s'exprima ainsi :

« Serait-ce sur l'Angleterre que porteraient » vos alarmes ? Relativement aux autres puis- » sances de l'Europe, il suffit de pénétrer dans » les intentions probables des cabinets ; mais » quand il s'agit de la Grande-Bretagne , il faut » encore écouter la voix de la nation. Qu'avons- » nous à espérer et à craindre du ministère » anglais ? Jeter dès à présent les grandes bases » d'une éternelle fraternité entre sa nation et » la nôtre, serait un acte profond d'une poli- » tique vertueuse et rare ; attendre les événe- » mens , se mettre en mesure pour jouer un » rôle, et peut-être agiter l'Europe pour n'être » pas oisif, serait le métier d'un intrigant qui » fatigue la renommée un jour, parce qu'il n'a » pas le crédit de vivre sur une administration » bienfaisante. Hé bien ! le ministère anglais, » placé entre ces deux carrières, entrera-t-il » dans celle qui produira du bien sans éclat, » ou dans celle qui aura de l'éclat et des catas-

» trophes ? je l'ignore. Mais je sais bien qu'il
» ne serait pas de la prudence d'une nation de
» compter sur des expressions et des vertus
» politiques ; je ne vous inviterai point, à cet
» égard, à une trop grande sécurité ; mais je
» ne tairai pas, dans un moment où l'on ca-
» lomnie parmi nous la nation anglaise, que
» la nation anglaise s'est réjouie quand nous
» avons proclamé la grande charte de l'huma-
» nité, retrouvée dans les décombres de la
» Bastille ; je ne tairai pas que si quelques-uns
» de nos décrets ont heurté les préjugés épis-
» copaux ou politiques des Anglais, ils ont
» applaudi à notre liberté même, parce qu'ils
» sentent bien que tous les peuples libres for-
» ment entre eux une société d'assurance con-
» tre les tyrans. Je ne tairai pas que du sein de
» cette nation sortirait une voix terrible contre
» des ministres qui oseraient diriger contre
» nous une croisade féroce pour attenter à no-
» tre liberté.... »

Une croisade se formait cependant contre
la France. Coblentz devint le centre des déli-
bérations ; l'affluence y fut tout aussi considérable qu'à Perpignan.

Des bandes de la Foi furent organisées dans
la Vendée, sous la protection de l'Angleterre ;

au mépris du droit des gens, des devoirs de l'hospitalité, au mépris du traité solennel conclu en 1786, le ministère britannique proposa et fit passer une loi qui soumit à des dispositions arbitraires les Français arrivant et résidant sur son territoire.

La résolution du gouvernement anglais n'était plus équivoque : Brissot annonça, au nom du comité de défense générale, *que déclarer la guerre à l'Angleterre, c'était déclarer une guerre qu'elle avait déjà commencée de fait;* et enfin une déclaration de guerre suivit son rapport.

Il est important de connaître les motifs qu'allégua la Convention, pour justifier ce décret. J'en citerai quelques-uns :

« La Convention nationale, après avoir entendu le rapport de son comité de défense générale, sur la conduite du gouvernement anglais envers la France;

» Considérant que le roi d'Angleterre n'a cessé de donner à la nation française des preuves de sa malveillance.

« Qu'il a ordonné à son ambassadeur à Paris de se retirer, parce qu'il ne voulait pas reconnaître le conseil exécutif créé par l'Assemblée législative;

» Qu'en violation de l'article iv du traité de 1786, il a fait rendre un acte qui assujétit tous les citoyens français aux formes les plus inquisitoriales, les plus vexatoires et les plus dangereuses pour leur sûreté;

» Que dans le même temps, et contre la teneur de l'article 1er du traité de paix de 1783, il a accordé une protection ouverte, des secours d'argent aux émigrés et même aux chefs des rebelles, qui ont déjà combattu contre la France; qu'il entretient avec eux une correspondance journalière et évidemment dirigée contre la révolution française;

» Que dans le même esprit, sans qu'aucune provocation y ait donné lieu, et lorsque toutes les puissances maritimes sont en paix avec l'Angleterre, le cabinet de Saint-James a ordonné un armement considérable par mer, et une augmentation à ses forces de terre;

» Que cet armement a été ordonné au moment où le ministère persécutait avec acharnement ceux qui soutenaient en Angleterre les principes de la révolution française, et employait tous les moyens possibles, soit au parlement, soit au dehors, pour couvrir d'ignominie la république française, et pour attirer sur elle l'exécration de la nation anglaise et de l'Europe entière;

» Que le but de cet armement, destiné contre la France, n'a pas même été déguisé dans le parlement d'Angleterre ;

» Que, quoique le conseil exécutif provisoire de France ait employé tous les moyens pour conserver la paix et la fraternité avec la nation anglaise, et n'ait répondu aux calomnies et aux violations des traités que par des réclamations fondées sur les principes de la justice, et exprimées avec la dignité d'hommes libres, le ministère anglais a persévéré dans son système de malveillance et d'hostilité....

» Considérant, enfin, que toutes ces circonstances ne laissent plus à la république française d'espoir d'obtenir, par la voie des négociations amicales le redressement de ces griefs....

» La Convention nationale décrète ce qui suit :

» La Convention nationale déclare, au nom de la nation française, qu'attendu les actes multipliés d'hostilités et d'agressions ci-dessus mentionnés, la république française est en guerre avec le roi d'Angleterre. »

La teneur de cet acte ne semble-t-elle pas avoir été rédigée hier aux Cortès espagnoles?

Revenons à l'Angleterre :

Le parlement fut convoqué le 14 décembre 1792. Une adresse de remerciemens au discours émané du trône fut proposée.

M. Fox, en s'opposant à l'adresse de remerciemens à faire au roi sur son discours, qui n'était que la répétition des idées contenues dans la proclamation, déclara que le discours et la proclamation étaient fondés sur des faussetés; qu'ils avaient calomnié le peuple d'Angleterre en l'accusant d'insurrections qui n'existaient que dans les propos sinistres des ministres.

Dans sa réponse, M. Fox repoussa l'idée de faire la guerre à la France; il insista sur ce que la justice et la raison exigeaient d'essayer les voies de négociation avant de plonger la nation dans une guerre désastreuse; il annonça aux ministres que, s'ils se refusaient à tenter des moyens de paix, ils seraient responsables envers leur pays de l'avoir épuisé de ses trésors, et d'avoir, par une cruauté insensée, prodigué des ruisseaux de son sang; il insista sur cette maxime : que les ministres devaient se faire un devoir de traiter avec ceux qu'ils trouvaient investis du pouvoir dans un autre pays ; que ceux qui ne voulaient traiter qu'avec les pouvoirs de *droit*, et non avec ceux de *fait*, ne pourraient s'excuser des maux qu'ils préparaient à la nation. — Leur mission devant être de veiller à la conservation des droits et du bien être de leur pays, et non de s'immiscer dans les formes et dans les droits du gouvernement intérieur des autres.

A la troisième séance du parlement, M. Fox fit la motion de faire une adresse à Sa Majesté pour la prier d'envoyer une personne en France, afin d'y traiter avec ceux qui exerceraient les fonctions du pouvoir exécutif; il ajouta qu'il faisait cette motion, afin qu'elle fût insérée dans les procès-verbaux de la chambre, pour montrer un jour au peuple, que ses représentans avaient au moins saisi cette occasion de détourner les malheurs de la guerre...

Après un très-long débat, sa proposition fut rejetée.

Le cabinet de Saint-James ne tarda pas à faire annoncer au parlement la déclaration de la France, ajoutant que cette déclaration *n'avait été nullement provoquée*.

Malgré les efforts généreux de l'opposition, le parti de la guerre prévalut.

C'est alors, qu'usant du droit de protester, qui jamais, dans les véritables gouvernemens constitutionnels , ne fut contesté , les lords Stanhope, Derby, Lauderdale et Landsdown, consignèrent dans les registres du parlement, les déclarations suivantes, *qu'ils ne craigni-rent pas de publier.*

DÉCLARATION.

« L'adresse du roi n'a d'autre but que la » guerre.

» La guerre est tellement un fléau, qu'il n'y » a que l'absolue nécessité, bien démontrée, » qui puisse la justifier.

« Ce pays n'a couru aucun danger qui puisse » légitimer cette guerre, dans laquelle on veut » nous entraîner.

» Quelqu'injustes que puissent paraître les » derniers événemens arrivés en France, ils ne » regardent point les autres nations, et ne peu- » vent servir de prétexte à la guerre...

» La France a toujours témoigné de la ré- » pugnance à rompre avec l'Angleterre.

» Nos dernières provocations en sont la » preuve : nous pourrions donner la paix à » toute l'Europe ; au lieu que, par notre con- » duite, nous mettons tout en danger.

» Nous entrons dans une ligue dont nous » ne pouvons prévoir le terme.

» Notre marine aura à se défendre contre

» des vaisseaux armés; les Français, au con-
» traire, ruineront un commerce répandu
» dans toutes les parties du monde.

» Cette guerre, même heureuse, ne peut
» donner aucun avantage.

» L'expérience nous l'a démontré, dans les
» deux dernières guerres, que les conquêtes
« ne sont pas à notre profit.

» Quand même il serait de notre honneur
» de faire la guerre aux Français, nous réussi-
» rions mieux à les abandonner à leurs dis-
» sensions.

» Toute agression les réunira pour l'intérêt
» commun et ranimera leur énergie.......

» Il est difficile de prévoir les effets que pro-
» duiront sur notre crédit public, les événe-
» mens de la guerre.

» Nous craignons l'augmentation des impôts
» qui ne pèsent déjà que trop sur le peuple,
» et nous sommes convaincus que rien n'ex-
» posera plus notre constitution, qu'une guerre
» absolument inutile. »

On s'étonne presque de ne pas trouver au
bas de cette protestation les noms de Foy, de
Manuel et de Benjamin Constant.

La déclaration du lord Stanhope était con-
çue en ces termes :

« Je m'oppose à la guerre contre la France,
» parce que la guerre est un état tellement
» contre nature, si barbare en lui-même, si
» désastreux dans ses effets, si immoral, lors-
» qu'il n'est point nécessaire, et si atroce, lors-
» qu'il est injuste, que tout ami de l'humanité
» doit faire tout au monde pour l'éviter....

» Parce que la paix est toujours de l'intérêt
» du peuple dans tous les pays, et que la
» Grande-Bretagne et la France, par leur si-
» tuation particulière, en ont un évident à
» rester en paix l'une avec l'autre.

» Parce qu'il est notoire que les Français, en
» général, désirent infiniment de maintenir
» et de resserrer entre les deux pays les liens
» de la bonne intelligence et de l'amitié; et que
» depuis la chute du despotisme en France,
» les communes de ce pays ont une force si
» irrésistible, que nous pouvons être assurés
» que, comme c'est l'intérêt du peuple de vi-
» vre en paix, la paix aurait été nécessaire-
» ment l'objet constant du gouvernement fran
» çais, si nos ministres n'eussent provoqué la
» guerre par des actes hostiles...

» Parce que l'ancien gouvernement despo-
» tique de France, détestable par son secret,
» ses artifices, sa perfidie et son infatigable

» ambition , a été l'unique cause de la plupart
» des guerres qui ont eu lieu depuis plusieurs
» siècles....

» Que , d'ailleurs , les Français ont autant
» de droit que nous à jouir de la liberté ci-
» vile.

» Parce qu'une guerre avec la France, dans
» ce moment , est impolitique , aussi dange-
» reuse pour la paix intérieure que pour la paix
» extérieure de ce pays , et doit être imman-
» quablement fort nuisible à notre commerce,
» source unique de nos richesses et de notre
» prospérité.

» Parce que la moindre interruption dans
» le commerce, les manufactures et l'indus-
» trie de ce pays, peut avoir les suites les plus
» funestes , et qu'alors cette guerre ne se-
» rait qu'une guerre contre notre commerce,
» nos manufactures , nos capitalistes , et enfin
» contre toute espèce de propriété.

» Parce que tout homme sensible doit gé-
» mir des taxes sans nombre , et des impôts
» accablans dont le peuple de ce pays est sur-
» chargé , et que si l'on suit un système de
» politique insensé , ces charges doivent iné-
» vitablement s'accroître, et mettre infaillible-
» ment ces articles hors de la portée de la

» partie la plus pauvre et la plus laborieuse de
» la société.

» Parce qu'enfin nous devons d'autant plus
» tâcher de détourner ces malheurs, qu'il pa-
» raît évident qu'il est encore en notre pou-
» voir de les éviter, si nos ministres veulent
» préférer un système doux et pacifique aux
» horreurs de la guerre, du carnage et de la
» dévastation. »

Ici les réflexions deviennent superflues; il
semble que l'Angleterre d'alors, avec son ministère aveugle, son opposition si juste et si
éclairée, vienne toute entière de traverser
spontanément le détroit, et de s'établir sur
notre sol.

Dans les débats qui eurent lieu à la chambre des communes, M. Pitt, par cette condes-
cendance que, pour plus d'analogie, M. de
Châteaubriant a bien voulu imiter il y a peu
de jours, M. Pitt assura que le cabinet de
Saint-James avait tenté toutes les voies possibles d'accommodement; et ajouta que la prudence commandait aujourd'hui une *guerre
d'extermination*.

M. Fox se chargea de lui répondre.

»On nous demande, dit-il, quel intérêt
» peut engager les ministres à provoquer la

» guerre dans ce pays , où ceux qui l'entre-
» prennent restent rarement en place pour la
» terminer : en admettant ce fait, que je pour-
» rais contester, on voudra bien convenir que
» ceux qui s'efforcent d'épargner à leur patrie
» ce fléau, méritent autant qu'on croie à la
» pureté de leurs motifs. Quoi qu'il en soit, la
» crainte de commencer ce qu'ils ne finiraient
» probablement pas, n'a point arrêté nos mi-
» nistres. On les a vus constamment éviter
» toute ouverture franche avec la France. De-
» mandaient-ils des explications? ils avaient
» l'air de craindre d'en obtenir d'assez satis-
» faisantes pour ne plus laisser de prétextes à
» la guerre. A parler franchement, cette guerre
» est plutôt la cause des rois que des peuples ;
» cette grande et effrayante coalition est un
» indice certain de leur aversion pour tout ce
» qui tend à ramener la liberté parmi les hom-
» mes. C'est le rétablissement du despotisme
» en France qu'on s'est proposé dans cette
» guerre. Hé bien ! que l'on ait donc la fran-
» chise de décorer la guerre contre la France
» du titre pompeux de *cause des rois* ; alors
» nous serons fondés à prétendre que la cause
» opposée est *celle des peuples.* »

MM. Dundas et Burke répliquèrent à ce

discours. Le premier s'épuisa en subtili-
tés ; le second, avec cette violence dont il est
inutile de chercher loin de nous des exem-
ples, exhala toute sa haine contre la révolution de France. Mais cette chambre, tout
anglaise, ne put s'empêcher de donner plusieurs fois des témoignages d'indignation.

« Si jamais, dit l'orateur ministériel, si ja-
» mais puissance met le pied en France, elle
» doit y entrer comme dans un pays d'assas-
» sins ; on n'y aura aucun égard aux procédés
» que les nations policées se doivent entre elles
» en se faisant la guerre, la France n'a pas le
» droit de s'y attendre : toute la guerre sera
» réduite à une exécution militaire.... »

L'esprit de Burke, je le demande, ne plane-
t-il pas ici sur quelques têtes ?

Pendant que le ministère britannique éga-
rait l'opinion du peuple sur les dispositions
de la France, ses agens cherchaient un appui
auprès des puissances étrangères, et s'effor-
çaient de leur faire prendre les armes, et de
les intéresser à son inhumaine entreprise.

J'ignore si quelque couronne ducale fut la
récompense de l'un d'eux ; mais je sais quelle
palme d'ignominie leur réserve la postérité.

La Russie saisit avec empressement cette

occasion de se croiser contre la liberté. Ses flottes couvrirent la Baltique, et fondirent de toutes parts sur les trois couleurs. On peut l'oublier; elle est assez punie cette Angleterre, d'avoir la première montré les portes de l'Occident aux hordes du Nord.

Mais une sorte de vertige semblait s'être emparé des têtes couronnées, et le bill d'extermination, *bellum internecinum*, fulminé par le parlement britannique, fut exécuté, comme les décrets du sénat romain, par une légion de rois.

Que la France n'a-t-elle en cela toujours imité ses voisins ! Dans ses phases les plus méprisables, le ministère anglais n'a jamais été le servile instrument de l'étranger.

Il est inutile, je pense, d'opposer à ce tableau de la révolution française et des débats du parlement, celui de la révolution d'Espagne et des débats de nos chambres; ce serait faire injure à ceux qui me lisent, et douter de leur pénétration.

Mon but a été de faire connaître les agresseurs, non plus pour les signaler à l'opinion vengeresse, mais pour tirer du fait de leur agression, et de la nature même de cette agression, les inductions nécessaires à l'évidence de la question que je me dispose à traiter.

Savoir : celle de l'inévitabilité d'une guerre prochaine avec l'Angleterre.

————

— Des neutralités. — De la neutralité anglaise.

——

Dans les débats qu'a fait naître la guerre qui se prépare , M. de Châteaubriant a particulièrement insisté sur le désintéressement de la France; de son côté, M. Canning a donné formellement l'assurance de la neutralité de l'Angleterre : il n'y a pas plus de conquêtes désintéressées que de neutralités réelles.

Cette vérité a coûté cher à l'Europe ; car dans la dernière guerre, il n'est point de nation *neutre* qui n'ait été plus ou moins victime de nos *conquêtes*, et plus souvent encore de la *neutralité* de l'Angleterre.

Après sa constitution, la principale source de la prospérité de la Grande-Bretagne provient de ses neutralités. M. Canning rappelait, il y a peu de jours (1), au parlement britan-

————

(1) Séance de la chambre des Communes , du 14 avril 1823.

niquc , que l'Angleterre possède un code de neutralité , d'une sagesse admirable (1). Un code qui embrasse la neutralité et ses conséquences, pourrait, à la rigueur, seul, régir l'Angleterre ; car toute la législation maritime est là. Il est vrai que dans le premier âge de la navigation , on ne trouve d'autres principes que la loi du plus fort. Des peuples , dont Eusèbe nous a conservé les noms, et qui ont affecté l'empire des mers , la plupart ne re-connaissaient pas d'autre principe; mais , de nos jours, et s'il faut croire à de récens exem-ples , il n'en est plus ainsi , — même chez les Anglais.

L'antiquité n'offre que peu de notions sur les droits et les devoirs de la neutralité , et cette question , devenue si importante de nos jours, n'a pas même occupé les Carthaginois. On lit cependant que , dans l'intervalle de la première guerre Punique à la seconde, quelques *caboteurs* romains furent arrêtés, parce qu'ils portaient des vivres à des peuplades africaines , alors en guerre avec Carthage ; mais ils furent relâchés sur la réclamation du sénat : ce qui vient à l'appui de mon assertion.

---

(1) Les décisions de William Scott.

Rome, qui réunissait à la puissance de la France sous Napoléon, celle de l'Angleterre sous M. Pitt, Rome ne devait pas songer aux bénéfices de la neutralité : elle n'avait pas à en craindre les inconvéniens.

Ce n'est pas non plus au temps où le roi Edgar se faisait nonchalamment promener autour des Iles-Britanniques, dans une barque, dont huit princes, ses tributaires, dirigeaient la manœuvre, qu'il faut chercher les traces d'une législation qui semble sortie inopinément de l'écume des flots de cette belle Méditerranée, sur laquelle régnaient alors les Génois et les Pisans.

Il ne reste de la domination des puissances italiennes sur l'Adriatique et la Méditerranée, que deux monumens : c'est Venise, et le recueil de lois connu sous le nom de Consulat de la mer. Mieux peut-être que le code dont s'enorgueillit, comme Anglais, M. Canning, le consulat de la mer, qui fut adopté successivement par les Grecs et par toutes les nations de l'Europe occidentale, donne, avec une précision singulière, les notions du droit maritime sur ce sujet d'hostilités et de vexations éternelles, je veux dire la neutralité.

Le code maritime italien contient, en outre,

des dispositions fort étendues sur un de ces *usages* de la neutralité, qui plus d'une fois nous devint fatal, et qui nous invite plus que jamais à de graves méditations; j'entends le droit que s'arrogent les neutres de porter à celle des nations belligérantes vers laquelle panche la balance toujours inégale de son impartialité, des armes, des subsides et des munitions.

C'est au long règne d'Élisabeth, sous lequel la puissance maritime de l'Angleterre fit de si grands progrès, qu'il faut remonter pour trouver les premières attaques contre la neutralité des autres nations; circonstance qui atteste pleinement les lumières qu'avaient acquises les Anglais à cette époque, et la supériorité déjà établie de leur système politique. Sous le règne de cette princesse, et durant les guerres d'Espagne, défense fut faite aux neutres d'approcher des ports espagnols; et des vaisseaux français ayant été rencontrés, se dirigeant vers Lisbonne, le chevalier Mouson, qui commandait les forces navales britanniques, les empêcha de toucher aux côtes d'Espagne.

Nous ne suivrons pas les Anglais dans les différentes circonstances qui ont servi à faire

briller les principes de neutralité auxquels ils reviennent aujourd'hui avec tant de prédilection, seulement il ne sera pas inutile, pour faire connaître les progrès rapides de leur idéologie politique, d'arrêter un moment nos regards sur le traité que signèrent à White-hall, en 1689, l'Angleterre et les Provinces-Unies. Il y est dit que « ces deux puissances
» conviennent de notifier à tous les États qui
» n'étaient pas en guerre avec la France,
» qu'elles attaqueront et déclarent d'avance
» de bonne prise, tout vaisseau destiné pour
» un des ports du royaume, ou qui en sorti-
» rait. »

On conviendra qu'il est difficile de restrein-dre davantage, à l'égard des autres, les droits de la neutralité.

Mais les Anglais, lorsque leurs intérêts sem-blent l'exiger, savent donner plus d'extension à ces droits.

» La grande charte des Anglais, dit Montes-
» quieu, leur défend de saisir et de confisquer,
» en cas de guerre, les marchandises des négo-
» cians étrangers, à moins que ce ne soit par
» représailles. » Je pense qu'il faudrait ins-crire ce passage de la constitution à la poupe des vaisseaux anglais, par les motifs à peu

près, qui firent graver le mot *libertas* sur la porte des cachots de Venise.

Les greffes de nos amirautés, et les hameaux du littoral britannique construits avec les débris de nos navires, sont là pour attester les effets propices de la violation d'une des plus sages lois des trois royaumes.

Il était réservé à la Russie de proclamer la première les principes de la neutralité. Quelle que soit l'attitude inquiétante que prenne aujourd'hui cette puissance, cet acte lui acquiert un droit imprescriptible à la reconnaissance de l'Europe.

Voici les principes qu'émit ce gouvernement, en 1780.

» Que les vaisseaux neutres peuvent naviguer librement de port en port, et sur les côtes des nations en guerre.

» Que les effets appartenans aux sujets desdites puissances en guerre, sont libres sur les vaisseaux neutres, à l'exception des marchandises de contrebande.

» Que pour déterminer ce qui caractérise un port bloqué, on n'accorde ordinairement cette dénomination qu'à celui où il y a, par la disposition de la puissance qui l'attaque avec des vaisseaux arrêtés et suffisamment proches, un danger évident d'entrer. »

La France, entre autres puissances, adhéra à cette déclaration. Son adhésion commençait ainsi :

« La liberté des bâtimens neutres, restreinte dans un petit nombre de cas seulement, est une conséquence directe du droit naturel, la sauve-garde des nations, le soulagement même de celles que le fléau de la guerre afflige... »

Ce fait diplomatique, et les conséquences qui en résultèrent peuvent être regardées comme le premier grief de l'Angleterre contre la Russie.

Sans parler des progrès désastreux pour l'Europe, de l'empire russe, on verra que ces griefs tendirent sans cesse à s'accroître.

Considérée maritimement, et c'est le point de vue sous lequel l'envisageront les Anglais, la puissance de la Russie, souvent exagérée, devait cependant dès long-temps effrayer l'Angleterre.

L'an 1714 vit développer les premiers projets maritimes du czar Pierre; et en 1814, huit cents vaisseaux chargés de blés, font voile du port d'Odessa, ville qui, en 1794, ne contenait pas une maison, ni un habitant; des communications sont ouvertes avec le Kamts-

chatka et le port de Pétropaulowsko, à la distance , par Okslok , sur la mer Pacifique, de
8730 milles de Moscow ; les ports de Crons-
tadt, de Riga, de Revel, Sebastopol, Cherson,
renferment quatre-vingts vaisseaux de ligne ,
ils sont ouverts au commerce de l'Europe ; et
l'industrie américaine, devenue la rivale de
l'industrie anglaise, affranchit la Russie de la
dépendance des marchés britanniques. (1)

Sur un autre hémisphère, les établissemens
russes commencent aujourd'hui à Okslok,
aux côtes de la Sibérie, dans une baie de la
mer Pacifique ; ils s'étendent de là , par le
Kamtschatka, à la côte nord-ouest de l'Amérique , et continuent depuis l'île de Kodia ,
au-delà de la rivière Colombie, en descendant
la côte d'Amérique jusqu'à Badoga , au tren-
te-huitième degré et demi nord, à *trente
milles des établissemens Espagnols de la Ca-
lifornie*, où l'on verrait quelque jour, si réellement il existait une neutralité anglaise , flot-
ter le pavillon moscovite ; tandis que par les
effets de cette même neutralité, rien ne pourrait s'opposer à l'envahissement de Cuba et des
Antilles par les Français et par les Russes qui

---

(1) V. De la puissance politique de la Russie en 1817.

sont leurs alliés secrets , ainsi que je me propose de le démontrer plus tard.

Voici donc les accroissemens *maritimes*
de la Russie ; en ajoutant seulement que
les finances , ce nerf de la navigation , ne
sont plus, comme jadis, dépendantes du commerce de la Grande-Bretagne ; que son revenu
n'est pas , comme en Angleterre , le produit
de taxes excessives ; et que les lois d'exporta-
tion rendent le papier-monnaie russe tout autre que ces insolvables *bank-notes*, que Sé-
nèque semble avoir désignés lorsqu'il parle
des vaines images de possession , *inania ha-
bendi simulachra.*

Les accroissemens , *déjà opérés* dans les
prétentions politiques de la Russie, ne doivent
pas être un moindre sujet d'inquiétude pour
l'Angleterre ; en comparant entre eux quelques-uns des actes de cette politique , pris à
des époques éloignées et récentes , on ne tar-
dera pas à se convaincre que la neutralité anglaise devient aujourd'hui impossible à réali-
ser , alors même que la Russie consentirait à
ne donner aucune suite nouvelle aux prétentions qu'elle a récemment élevées , et pour la
plupart fort heureusement accomplies , le
tout au détriment de ladite Angleterre.

La convention entre S. M. B. et l'impératrice de toutes les Russies , signée à Londres , le 25 mars 1793 (1), est un acte pur et simple d'adhésion aux principes de l'Angleterre , principes puisés dans ses propres intérêts , et non , comme on le pense bien , dans ceux de l'impératrice.

Dans ce traité, l'impératrice sacrifia les droits des neutres ; clause étrange qui la plaça immédiatement sous la domination britannique , et dont quelque plaisant diplomate anglais pourrait maintenant demander l'accomplissement; demande qui serait accueillie à Saint-Pétersbourg , à peu près comme le fut dernièrement à Londres, celle de M. le vicomte de Marcellus, qui s'avisa d'exiger une nouvelle proclamation du bill d'enrôlement de 1786.

Dans le traité de commerce conclu à Saint-Pétersbourg le 21 février 1797 , la liberté de la navigation, et le privilége du pavillon russe furent traités avec tant de hauteur , qu'un ordre du Conseil Britannique pouvait immédiatement éloigner les bâtimens russes de tous les ports de l'Europe , et que le plus petit corsaire pouvait visiter les convois russes, et les saisir sous le plus léger prétexte.

---

(1) Collection of state papers 3.

Et cela arriva en effet !

Dans ce traité, la marine et le commerce russes furent aveuglément sacrifiés aux intérêts de la Grande-Bretagne.

A son avénement au trône, l'empereur Alexandre signa un traité que lui présenta lord Saint-Helens, dans lequel le droit des neutres fut encore une fois méconnu.

Depuis cette époque, l'Angleterre se retrouve toujours, exerçant son influence sur la Russie et sur les puissances du Nord, au moyen de sa prétendue neutralité.

Mais un jour la scène change, et l'on revoit la Russie, se plaçant fièrement à la tête de la Sainte-Alliance, exercer au-dehors, sans ménagemens, ce despotisme orgueilleux, que l'honorable M. Brougham a si bien nommé sa *détestable politique orientale*.

Enfin, en parcourant le dernier acte du gouvernement russe, concernant la navigation des mers qui baignent ses établissemens, on croit lire quelques fragmens de Polybe ou de Tite-Live, sur cette Carthage, qui, selon Montesquieu, faisait noyer ceux qui naviguaient dans les mers de Sardaigne, et le *clément* Alexandre s'y montre comme cet Hannon, qui avait déclaré, dans la négociation qui termina la pre-

mière guerre Punique, qu'il ne souffrirait pas
que les Romains se lavassent les mains dans la
mer de Sicile ; ce qui n'empêcha pas, soit dit
en passant, que cinquante ans après, les Romains ne fissent brûler cinq cents vaisseaux
dans la rade de Carthage.

L'ukase dont il est question, est trop important, dans l'histoire des accroissemens de la
Russie, pour que je puisse me dispenser de
le rapporter textuellement. (1)

« Considérant que d'après les rapports qui
nous ont été soumis, les relations commer-
ciales de nos sujets, aux îles Aleutiénnes et
dans les établissemens tout le long des côtes
du nord-ouest de l'Amérique, sont exposées
à toute sorte de désavantages et de vexations,
par le commerce interlope ; considérant, de
plus, que la cause principale de ces inconvéniens dérive du défaut de réglemens sur les
limites de la navigation le long de ces côtes,
et d'une forme fixe pour les relations com-
merciales, tant aux susdits endroits que sur
la côte orientale de la Sibérie, nous avons jugé

---

(1) Cette pièce manque essentiellement à l'excellent résumé
des faits diplomatiques des deux Mondes que vient de publier
M. de Pradt.

nécessaire de déterminer ces relations par le réglement suivant :

1° Il n'est permis qu'aux sujets russes de se livrer au commerce, à la pêche de la baleine et autres poissons, et à toute autre branche quelconque d'industrie dans les îles, ports et golfes, et en général le long des côtes nord-ouest de l'Amérique, à commencer du détroit de Behring jusqu'au 51° latitude nord, ainsi que le long des îles Kouriles, savoir : du détroit de Behring jusqu'au cap sud de l'île Oroup, nommément jusqu'au 45° 41' latitude nord ;

2° Il est en conséquence défendu à tout bâtiment étranger d'aborder aux établissemens russes désignés dans le paragraphe précédent, et de s'en approcher à une distance moindre de 100 milles italiens (1). *Tout contrevenant perdra sa cargaison.*

3° Sont exceptés les bâtimens qui, par tempête ou manque de vivres, seront obligés d'aborder à la côte. Dans ces deux cas, ils sont tenus de justifier leur approche. Les vaisseaux envoyés par les puissances amies, pour des voyages et des découvertes, sont également

---

(1) Grotius, Puffendorf, Vattel veulent que le territoire d'une Puissance maritime s'étende à trois milles de ses côtes. Sans doute quelque jurisconsulte moscovite ou caucasien en a décidé autrement.

exceptés de la règle générale, *sous la restric-*
tion d'être munis de passeports du minis-
tère de la marine russe (2) ;

4° Les vaisseaux marchands étrangers , qui
bordent les côtes, par les raisons ci-dessus in-
diquées, sont obligés de choisir un endroit où
se trouve un établissement russe ;

5° Il sera envoyé un pilote, si le tems le
permet, aux vaisseaux étrangers, à l'effet de
leur assigner un ancrage propre à ces bâtimens. Tout capitaine contrevenant paiera une
amende de 100 piastres ;

6° Tous les bâtimens à rames des vaisseaux
marchands étrangers, doivent aborder à un
endroit indiqué, où il sera arboré pendant le
jour un pavillon blanc, et la nuit un fanal ; un
inspecteur veillera à ce qu'aucune marchan-
dise n'en sorte ou n'y entre secrètement. Celui
qui mouillera à tout autre endroit paiera 50
piastres, et celui qui transportera des marchandises ou autres effets sur le rivage 500
piastres , et les marchandises seront confis-
quées.

7° Les capitaines des vaisseaux susmention-

---

(1) Où est-il ce temps où deux sloops anglais visitaient un convoi
russe ?

tiés manquant de provisions pour continuer
leur voyage, seront obligés de l'annoncer au
chef de l'endroit, qui assignera le lieu où ils
pourront s'en procurer. Le contrevenant
paiera une amende de deux cents piastres.

8° Si la réparation d'un vaisseau exige qu'il
soit déchargé, le capitaine remettra à l'autorité du lieu un état de la quantité et de la
qualité des marchandises. Celui qui célera
une partie de la cargaison, sera taxé de contrebande, et paiera 1000 piastres d'amende.

9° Les dépenses qui auraient été faites dans
lesdits parages, seront liquidées en argent
comptant ou en traites. Dans le cas où le capitaine n'aurait pas d'argent, et que personne
ne voudrait se rendre son garant, le chef du
lieu est autorisé, sur la demande du capitaine,
à vendre une partie des marchandises nécessaires au paiement des frais. Cette vente ne
pourra se faire qu'au profit de la Compagnie
et par l'entremise de l'autorité ; elle ne pourra
excéder, sous aucun prétexte quelconque, le
montant de la dépense, sous peine du séques-
tre de la cargaison, et d'une amende de 1000
piastres. »

Cet ukase important est sous la date du 16
septembre 1821.

Il suffira pour tout commentaire, et pour

évaluer le prix que peut avoir cette pièce aux yeux du ministère anglais, de remarquer que les limites que désigne l'ukase renferment simplement une grande partie des découvertes des anglais Cook et Vancouver.

Quant aux établissemens russes qui touchent à la Nouvelle-Californie et au territoire *censé appartenir* à la Compagnie anglaise réunie du Canada et de la baie d'Hudson, le gouvernement russe se propose, sans doute, par quelque firman ultérieur, de statuer sur le sort de leur commerce et de leur industrie ; décret que l'Angleterre et l'Europe toute entière accueilleront apparemment encore avec flegme et résignation.

César, en ses commentaires, dit que « si » l'on n'y met ordre, bientôt les peuples du » nord passeront le Rhin , inonderont la » Gaule, et en chasseront les habitans, parce » que le terrain en est bien meilleur que le » leur , et la façon de vivre beaucoup plus » douce. » (1) César et ses légions ont disparu de la terre, et rien, presque rien n'a changé à

____

(1)......*Futurum esse paucis annis, uti omnes è Galliæ finibus pellerentur , atque omnes Germani Rhenum transirent : neque enim conferendum esse Gallicum cum Germanorum agro , neque hanc consuetudinem victûs cum illâ comparandam.* ⸱

(*Cæs. Comment. ae bell. Gall. , lib.* 1.)

sa surface. *Si l'on n'y met ordre*, quelque jour le colosse politique du Nord, chargé du lourd bagage de son autocratie, s'acheminera vers le midi ; et tout-à-coup la vieille Europe, après avoir vu renverser son modeste édifice social, se trouvera renfermée dans l'enceinte du gîte immense qu'il faudra construire sur la tête du moderne Jupiter Olympien.

— De l'agression envers l'Espagne, considérée dans ses effets sur la neutralité anglaise. — Résumé.

Un habile écrivain qui, par un noble retour, vient de recouvrer toute l'étendue de ses talens, a dépeint l'intervention sous les couleurs les plus vraies, partant les plus odieuses. Il ne m'appartient pas de remettre en question un sujet qu'il a traité avec tant de supériorité ; d'ailleurs, il n'entre pas dans mon plan de disputer aux partisans de l'immisciation étrangère la justesse, ou, si l'on veut, la justice de leurs principes ; je consens même, débonnaire antagoniste, à donner au ministère, avec Vattel et Burke (1), la liberté,

---

(1) Vattel, l. 2, ch. 4, sect. 56. — Ed. Burke., Mém. sur les affaires de France, 1791, p. 4.

selon le droit des gens, de prendre le parti que bon lui semble dans les affaires d'un royaume limitrophe, et de se refuser à reconnaître le nouveau système de pouvoir établi dans la Péninsule ; je n'ai pas dessein non plus de rechercher s'il est prudent, s'il est juste, s'il est généreux, d'imposer ses propres lois à une race d'hommes étrangère par ses mœurs, son caractère et le climat qu'elle habite, aux besoins sociaux qui ont dicté ces institutions, et je me hâte de détourner mes regards de toutes les saturnales politiques ; car il me semble voir de nouveau s'élancer des rives africaines ces fanatiques qui parcoururent si long-tems les Castilles, un sabre dans une main, et dans l'autre l'alcoran.

Je dois m'attacher uniquement à démontrer l'inévitabilité d'une rupture avec l'Angleterre ; l'évidence, établie plus haut, de l'agression de la France envers l'Espagne, justifiera suffisamment cette assertion.

Nous avons vu que la neutralité jurée n'a jamais opposé de fortes entraves aux dispositions hostiles du gouvernement anglais, et que souvent, le voile qu'elle a jeté sur les opérations maritimes de cette puissance, n'a pas peu contribué à leur entier accomplissement.

L'engagement solennel pris, il y a peu de jours, par M. Canning, de conserver à l'Angleterre une attitude passive dans les affaires du continent, ne peut donc avoir pour la Grande-Bretagne que des effets favorables.

Et cependant, cet engagement ne saurait être sincère ; car, par un concours de circonstances, inoui jusqu'à ce jour dans les souvenirs diplomatiques des trois royaumes , cette neutralité ne deviendrait exécutoire qu'aux dépens de la nation Anglaise : l'anéantissement de son influence continentale serait le prompt résultat de la faiblesse de ses ministres.

Jetons un regard en arrière sur les actes parlementaires de M. Canning, et nous ne tarderons pas à nous convaincre des sentimens hostiles auxquels a dû le contraindre, dans l'intérêt de son pays, la conduite agressive de la France envers l'Espagne.

Pendant un temps (1), M. Canning, élève de Pitt, a partagé les opinions de Bedfort, de Fox et de Shéridan, de ce Shéridan qui disait alors aux Communes : « A travers la politique » tortueuse des ministres , il paraît qu'on a » formé le plan de continuer cette guerre jus- » qu'à ce que la France soumette ses droits et

______

(1) Session de 1794.

» sa liberté aux puissances confédérées. Ainsi
» nous continuons la guerre pour donner un
» gouvernement à la France : l'expérience dé-
» montre qu'un tel plan est impraticable.
» Comment peut-on se flatter de réussir,
» quand l'expérience a prouvé qu'une seule
» nation, inspirée par l'amour de la liberté,
» est capable de résister à une confédération
» aussi formidable.

» Faire la guerre à une *nation armée*, s'é-
» criait Fox, c'est faire la guerre à une nation
» qui combat pour la liberté, la justice et l'hu-
» manité; c'est faire la guerre à une nation
» dans le désespoir, à une nation invincible.
» Continuer la guerre, c'est accélérer les maux
» qu'on redoute ; on ne peut conquérir une
» *nation armée.* »

A la chambre des Lords, le duc de Bedfort
faisait la motion suivante :

» Il est temps enfin, de dissiper le prestige
» qui n'a que trop long-temps abusé mon pays.
» Le désir de conduire cette guerre *usque ad*
» *nescionem*, est une idée qui eût été pros-
» crite dans les temps mêmes les plus barba-
» res , et sous la tyrannie féodale. Je demande
» ici, si l'on offre à la France une paix qui puisse
» s'allier avec son honneur et son intérêt : qui

» peut contester que cette paix, une fois faite,
» ne sera pas aussi sûre, aussi durable que sous
» l'ancien gouvernement. L'on dit qu'il serait
» déshonorant pour nous de faire les premiè-
» res avances, et d'implorer, pour ainsi dire, la
» paix : il faut avouer que si les nations s'atta-
» chaient à de telles vétilles , la guerre devien-
» drait éternelle , et on ne jouirait jamais , sur
» le globe entier, des douceurs de la paix.—On
» dit que la guerre actuelle est entreprise pour
» *la foi et la charité* : quant à moi, je ne crois
» pas que cette guerre soit avouée par la chari-
» té.... Nos efforts ont, sans doute, beaucoup
» contribué à établir le régime de la terreur
» dans ce pays, et certes nos ministres ont beau-
» coup de part aux malheurs qui y sont arri-
» vés. Ils disaient que la tyrannie démocratique
» sous laquelle le peuple avait gémi, le condui-
» rait naturellement au royalisme , et cepen-
» dant nous avons vu l'effet contraire. Lors de
» nos succès sur les frontières, nous avons vu
» un seul habitant venir demander la protec-
» tion des alliés ? Dumouriez, après avoir sau-
» vé son pays, abandonné la cause de la liber-
» té, ne fait déserter avec lui qu'un seul ré-
» giment de ligne. Vous avez vu plusieurs de
» leurs généraux monter à l'échafaud et les

» troupes conserver le même enthousiasme.
» Quant à moi, je déclare que je m'oppose à
» toute idée de guerre : si je ne me conduisais
» pas ainsi, je croirais tremper mes mains dans
» le sang que le ministère fait verser. »

Mais ces opinions que M. Canning scellait
de son vote, appartenaient à sa jeunesse ; sans
doute les glaces de l'âge auront tempéré cette
ardeur généreuse ; et le nouveau ministre a-t-
il dépouillé le vieil homme politique et abju-
ré ses premières erreurs ? (1)

---

(1) Vingt-huit ans se sont écoulés ; siècle en politique comme en
amour, et pendant lequel des milliers de transformations se sont
opérées.

. M. Canning a-t-il subi la loi commune ? Fidèle à mon système,
c'est M. Canning que je vais interroger. Dans la séance du 20 mars
1821 (*Chambre des Communes*), il s'exprimait ainsi. Il s'agit
des affaires de Naples.

« Cette lutte entre la démocratie et le despotisme ne nous con_
» cerne pas, nous qui possédons une constitution où la démocratie
» est sagement contenue par les élémens monarchiques et la mo-
» narchie tempérée par des institutions populaires. La reine Elisa-
» beth, dont on nous cite l'exemple, ne prit part pour les protes-
» tans qu'autant que les intérêts de son royaume le lui ordonnaient.
» Dès que son intérêt parut changer, elle s'allia même avec Char-
» les IX. Je ne dis pas qu'il faut suivre son exemple, je démontre
» seulement que nos adversaires ont tort de l'invoquer. Je repousse
» plus que personne les principes de la déclaration des Alliés,
» *mais* je ne vois pas quel motif nous avons pour nous mêler de
» l'affaire de Naples.

» Faut-il que nous appuyons toutes les constitutions qu'on s'avise
» de faire ? Mais ceux-là qui nous invitent à prendre ce parti, ne

La conduite de M. Canning doit encore nous répondre.

Il est nécessaire, cette fois, de remonter à son arrivée au timon des affaires.

Lord Castlereagh, au déclin de sa carrière politique, avait accompli un de ces actes odieux et flétrissans,, qui trop souvent signalèrent son ministère ; je veux dire le procès de la reine.

M. Canning, homme d'état philosophe, reconnut l'énorme responsabilité qu'assumaient sur leur tête les instigateurs de ce procès. Dans l'intérêt de la royauté même, il blâma hautement le roi. Les têtes couronnées supportent impatiemment la contradiction ; bien en prit à celle de M. Canning, qu'en Angleterre,

---

» disent-ils pas que notre propre constitution est mauvaise ? De
» quel air viendrions-nous dire aux autres nations, nous qui avons
» une mauvaise constitution , nous venons vous en donner une
» bonne ? Ceux qui veulent nous engager dans ces révolutions
» continentales comparent les mouvemens actuels à ceux qui ac—
» compagnaient la réforme religieuse du seizième siècle ; mais si
» cette comparaison est juste, la lutte sera longue et terrible ; alors
» en nous y mêlant , nous devons être préparés à la soutenir jus-
» qu'à la fin , à y sacrifier la fortune de la nation. De quel front ,
» dirions—nous à nos commettans que nous les avons engagés dans
» une longue guerre pour laquelle ils auront à payer tant et tant
» de taxes nouvelles ? »
Je démontrerai bientôt que la force des choses devait depuis détruire *ce neutralisme.*

depuis 1688, cette hardiesse ne fût plus un crime.

A la mort de ce légataire de Pitt, qui se punit si cruellement d'avoir opprimé le monde, il fallut bien recourir à l'expérience et aux talens de M. Canning; la nécessité fut sans doute absolue, car on voulut bien lui pardonner son courage.

En ouvrant le portefeuille du marquis de Londonderry, M. Canning ne tarda pas à s'apercevoir que l'Angleterre, échappée, par miracle, aux conséquences funestes du système de Pitt, avait accompli toutes les chances heureuses de cette conception, et que le moment était venu de frayer une autre route à la politique anglaise.

Le moment était venu aussi, où les intérêts si distincts et si opposés de cette troupe d'états absolus et d'états représentatifs, confondus sous le sobriquet de Sainte-Alliance, devaient enfin les désunir ou du moins affaiblir la masse de leur pouvoir.

A la vue du déficit annuel du budjet de l'Angleterre, M. Canning, reconnut que le rôle de la Grande-Bretagne, dans la Sainte-Alliance, était pérachevé, et qu'en gardant sa position, elle n'occuperait désormais, eu égard à la puissance qu'avaient acquise ses alliés, et, comme je l'ai démontré plus haut, la Russie, qu'une place subalterne dans le faisceau des pouvoirs européens.

Burke, qui s'y connaissait, assure « que la sphère des combinaisons politiques est bien plus vaste que nous ne sommes portés à le croire. » — Celles de M. Canning dûrent étonner le monde ; elles révélèrent aux hommes éclairés, la profondeur de ses opinions.

Bientôt, la révolution portugaise se vit assurée de la protection britannique.

Lord Wellington , qui s'apprêtait à ressaisir au fond des Espagnes , sa popularité perdue dans les intrigues du pavillon de Brighton , se vit forcé de solliciter, à Paris, la paix qu'il avait dédaigné d'exiger au congrès de Vérone.

Les Grecs des Sept-Iles purent enfin s'élancer au secours |de leurs frères du Péloponèse, et la Russie fut menacée d'entendre le chant de liberté des Ipsariotes retentir sur les rivages de la mer Noire.

Cependant , de concert avec l'Espagne , une escadre anglaise voguait vers les Antilles , et , sur les cartes de l'Amirauté , les noms de Havane et de Cuba prenaient place auprès de ceux du Cap et de Ceylan.

(5o)

Tels ont été les résultats préalables des craintes qu'inspirent à l'Angleterre les accroissemens de la Russie, cette pierre angulaire de la Sainte-Alliance.

Trois circonstances devaient concourir à augmenter ces craintes :

La conduite de la Russie,

A Vienne,

A Laybach,

Et à Vérone.

Ceci exige quelques développemens.

La France se trouvait, en 1814, la seule des sociétés politiques du continent, qui demandât hautement des institutions, et des institutions appropriées aux besoins de sa civilisation, c'est-à-dire, libérales; mais, avec son armée repoussée et son territoire envahi, la France se trouvait, en 1814, de toutes les *puissances* du continent, celle qui méritait le moins ce titre, et qui, par conséquent, devait le moins espérer la réalisation de vœux exprimés dans l'intérêt de sa prospérité.

Cependant, de toutes les puissances du continent, la France fut la seule qui obtint des institutions fondées sur les principes qu'avait consacrés la révolution européenne qu'elle avait fomentée dans son sein.

Et ce fut à l'influence qu'exerça, dans cette

circonstance, sur la coalition , le gouvernement despotique de la Russie, que la France
dût les bienfaits de son gouvernement représentatif; influence que la Russie exerça dans
la même direction à l'égard de l'Europe (1),
jusqu'à l'entière issue du congrès de Vienne,
au-delà du second retour des Bourbons en
France.

Mais tout à coup, la Russie, qui , dans l'affaire de France , avait hautement désapprouvé
toute intervention exercée dans l'intérêt du
pouvoir absolu , la Russie change de principes
et de langage , et bientôt , on voit à Laybach ,
l'homme aux huit cent mille hommes , se dis-
poser à joindre l'appui de ses innombrables
bataillons aux phalanges de l'Autriche, le tout
pour envahir , au bénéfice du despotisme , le
plus mince , le plus abordable , le plus éner-
vé et le plus faible des États de la faible Italie.

Depuis , la Russie ne s'est plus éloignée de
cette ligne , et l'Angleterre n'a pu l'observer
sans dépit, à Vérone, rejettant toute discussion
sur les Grecs , ses voisins , diriger vers l'Espagne, son antipode , toute l'animosité monarchique de la vieille diplomatie européenne ,

____

(1) Elle exceptée.

tandis qu'en secret, sans doute, elle s'offrait à la France, comme auxiliaire, dans la lutte qu'elle préparait aux Pyrénées.

En cela, et malgré ces contradictions apparentes, la Russie, forcée par son manque d'industrie à l'envahissement des industries voisines, la Russie, à qui l'absence des bienfaits sédentaires de la civilisation rend encore peu prochain le besoin d'immobilité, la Russie n'a fait que suivre dans ses conséquences les plus directes, le système politique de ses premiers souverains: elle exécute le testament de Pierre premier.

Dans ce testament, le créateur de la Russie faisait sentir à ses héritiers la nécessité de tendre sans relâche; d'abord à l'augmentation de leur influence sur les États Occidentaux de l'Europe ; puis à l'envahissement de l'Orient, proprement dit ;

1°. en s'immisçant dans les affaires de l'Europe Occidentale au moyen de médiations et d'interventions entre les États qui la constituent ; 2°. en étendant, sans obstacles, ses forces vers l'Orient, à la faveur de l'occupation donnée à l'Europe par les conflits qu'une médiation perfide peut toujours entraîner ; pratique adroite et bannale de l'éternelle ma-

xime des conquérans de tous les siècles : *di-*
vide et impera.

Le partage de la Pologne, les affaires de
Suède, tant d'autres exemples, et la conduite
récente de la Russie dans les trois circonstances que je viens de mentionner, expliquent si
parfaitement la constance de son système, que
peu de mots suffiront.

Jamais la Russie n'abandonna son idée fa-
vorite, la conquête du Bosphore.

Toujours ses tentatives réitérées, éveillèrent
l'attention et provoquèrent les remontrances
de la France, de l'Autriche et de l'Angleterre.

Dans son système, une désunion entre ces
trois puissances, devenait indispensable.

De là, les vacillations de sa diplomatie.

A Vienne, la Russie s'est montrée l'antagoniste du pouvoir absolu; déjà elle avait contribué à l'établissement du régime constitution-
nel en France.

Car, dans l'intérêt de la discorde, la Russie
avait compris qu'il était temps de rompre
l'unité du pouvoir monarchique, qui réunissait toutes les nations de l'Europe occidentale
sous le joug du système de Pitt, accompli par
lord Castlereagh.

A Laybach, la Russie a combattu pour la

propagation du pouvoir absolu ; elle a contribué au rétablissement du despotisme à Naples.

Car, encore dans l'intérêt de la discorde, la Russie avait compris qu'il était avantageux pour elle d'occuper les Autrichiens en Italie, afin de se débarrasser, aux frontières valaches et moldaves, de quelques milliers de surveillans incommodes.

A Vérone, la Russie, voilant ses griefs ou ses prédilections, quant à ses co-religionnaires d'orient, s'est montrée l'ennemi le plus acharné de la révolution espagnole, qui ne peut l'atteindre ; elle a puissamment contribué à l'agression de la France envers la Péninsule.

C'est que, toujours dans l'intérêt de la discorde, la Russie avait compris que le seul moyen de faire naître un conflit entre les puissances de l'Europe Occidentale, était de précipiter la France sur l'Espagne et ses Colonies, où gissent les intérêts commerciaux de l'Angleterre, (1) moyen d'autant plus approprié

---

(1) Outre les avantages directs que lui procure son système, la Russie, par son influence bien établie sur la France, et la place qu'elle lui a enlevée dans la balance européenne, acquérerait en Espagne, par les conquêtes des Français, toute l'influence que les Français eux-mêmes y auraient acquise, si cette guerre eût été faite pour leur propre compte ; influence que la position de la

au système de la Russie, qu'il lui permet, par
les longueurs qu'il entraîne, de laisser les Ot-

France rendrait assez peu importante, mais qu'il importe au contraire à l'Angleterre, qui ne possède que ce point d'appui dans le midi, de ne pas laisser échapper. Burke a traité cette question sous un point de vue que le renouvellement des mêmes circonstances rend aujourd'hui très-piquant. J'imagine que mes lecteurs me sauront gré de mettre ce passage sous leurs yeux.

» Dans l'état actuel des choses, disait, en 1792 ce publiciste,
» dans ses mémoires sur les affaires de France, dans l'état actuel
» des choses, nous n'avons rien à craindre de l'Espagne, ni comme
» puissance continentale, ni comme puissance maritime, ni comme
» rivale de commerce.

» Nous avons beaucoup à craindre des liaisons que l'Espagne
» peut être forcée de contracter : la considération de ses propriétés
» territoriales, de ses ressources, et de son état civil et politique,
» nous autorise à avancer avec la plus grande confiance que :

» L'Espagne n'est pas une puissance qui se soutienne par elle-
» même.

» Il faut qu'elle s'appuie sur la France ou sur l'Angleterre.

» Il importe autant à la Grande-Bretagne d'empêcher la prépon-
» dérance des Français en Espagne, que si ce royaume était ou
» une province d'Angleterre, ou un état qui, en effet, en dépendît
» autant que le Portugal fut jamais censé en dépendre. Cette dé-
» pendance de l'Espagne est d'une bien plus grande importance ;
» et si elle était ou détruite, ou assujettie à toute autre dépendan-
» ce, les conséquences en seraient bien plus funestes......

» Si l'Espagne est contrainte par la force ou par la terreur à faire
» un traité avec la France, il faudra qu'elle lui ouvre ses ports,
» qu'elle admette son commerce, et qu'elle entretienne une com-
» munication par terre, pour les paysans français, etc.

» L'Angleterre peut, si bon lui semble, consentir à cela, et la
» France fera une paix triomphante et s'asservira entièrement l'Es-
» pagne, s'en ouvrira toutes les portes......Elle invite, par-là, la
» Grande-Bretagne à partager, de son côté, les dépouilles du nouveau

tomans s'affaiblir dans leur lutte avec les Hel-
lènes.

[.] Il résulte de tout ceci que les projets du
cabinet de Saint-Pétersbourg sur l'occident

» Monde et à démembrer la monarchie espagnole. Il vaudrait
» mieux, sans doute, le faire que de souffrir que la France possé-
» dât seule ces dépouilles et ce territoire ; elle en a, sans contredit,
» le pouvoir comme la volonté, si nous ne nous opposons pas à
» ses projets........

Notre plan est de résister aux projets du brigandage des Fran-
» çais, (c'est Burke qui parle); mais si, spectateurs immobiles, nous
» souffrons qu'ils déployent sous nos yeux leur puissance navale pour
» effrayer l'Espagne, et la contraindre à une paix honteuse et ser-
» vile, ou pour l'entraîner dans une guerre ruineuse, sans que nous
» prenions, de notre côté, aucune mesure, cela ne peut pas s'appeler
» un plan.

» Dans le cas de la guerre entre la France et l'Espagne, la neu-
» tralité de la Grande-Bretagne sera tout-à-fait impossible : il n'y a
» à délibérer que sur les moyens de rompre. La question est donc
» de savoir, si nous devons attendre, pour nous mettre en état de
» défense commune, soit par un armement, soit par des négocia-
» tions, soit par ces deux moyens à la fois, si nous devons, dis-je,
» attendre que l'Espagne soit réellement attaquée ; c'est-à-dire si
» notre gouvernement se décidera en faveur de l'Espagne, tandis
» qu'elle est encore à même d'agir avec l'énergie dont elle est sus-
» ceptible, avant que cette énergie ne soit tout-à-fait épuisée ; ou
» bien, si nous nous associerons aux débris de ses forces, quand
» elle aura reçu des échecs considérables, et qu'il faudra traîner,
» après nous, ce grand corps toujours pesant et mal organisé, qui
» nous embarrassera, sans pouvoir nous aider, lorsqu'il sera blessé
» ou estropié.

».......Il n'y a point de temps à perdre. Mais quoique les me-
» sures doivent être promptes, il ne faut pas qu'elles soient témé-
» raires ; elles doivent, au contraire, être bien réfléchies, bien com-
» binées et bien suivies. Le système doit être général ; il doit être

de l'Europe ne sont pas immédiats, et que la conquête de Constantinople n'a jamais cessé d'être le but constant de sa politique.

Pour atteindre ce but, la Russie, dans le système dont nous avons démontré l'existence, a provoqué l'agression de l'Autriche envers l'Italie, et celle de la France envers l'Espagne.

La France, balottée entre l'Angleterre et la Russie, est tombée, après huit années de tergiversations, sous l'influence de celui des deux gouvernemens qui a le moins de contact, et qui offre le moins d'analogie avec le sien.

Nous avons vu que cette agression de la France était renouvelée de celle de l'Angleterre, en 1793.

Mais le commerce de la Méditerranée et des mers de l'Inde, les colonies françaises et la suprématie européenne, pouvaient amplement couvrir l'enjeu apporté, en 1793, par

---

» exécuté, non successivement et partiellement, mais tout entier
» à-la-fois. Il doit être coulé d'un jet.

» Pour cet effet, nous devons nous représenter l'Europe, telle
» qu'elle est aujourd'hui, c'est-à-dire dans un état de frayeur, de
» désordre et de confusion, et vraisemblablement ses Souverains
» n'écoutant que leur animosité, leur défiance, et s'accusant ré-
» ciproquement. »

Peut-être même, ces maux sont-ils encore plus grands ?......

Mém. sur les aff. de France. 1792. Mém. 3. p. 3. etc.

l'Angleterre, dans sa guerre d'intervention contre la république française.

Quant à nous, alors même, ce à Dieu ne plaise , qu'il nous serait permis de ne pas croire aux vues désintéressées de nos ministres, il nous est encore difficile d'assigner aux conquérans futurs de l'Espagne quelques dédommagemens, dignes des dangers et des fatigues qu'ils se préparent.

Porto-Rico, la Havane et Cuba, ne nous importent guères, et nos soldats, en pénétrant dans les vallées de l'Èbre et du Bétis, dans les plaines de l'Estramadure et de l'Andalousie, peuplées aujourd'hui, comme notre belle France, d'hommes indépendans et fiers de leur régénération, ne se résoudront, qu'en gémissant, à tirer le glaive contre la liberté, assurés que chacun de leurs coups retentira du fond des Espagnes, jusqu'au sein de leur patrie et de leur famille, comme une atteinte à leurs propres droits, à leurs droits les plus chers.

Il est injuste, en vérité, de reprocher à nos ministres un faible pour le roman ; c'est l'histoire, l'histoire seule qui nous a perdus.

On a cru voir, on a cru trouver, dans des guerres entreprises, à différentes époques, par l'Angleterre ou ses souverains, telles que celle

(59)

d'Élisabeth contre Philippe II, celles du Parlement contre Louis XIV et contre la république française, les effets d'une politique immuable, universelle; et l'érudition peu méditée de quelque écrivain diplomate a consacré récemment, dans nos chancelleries, cette hérésie historique de *politique générale*, qui non-seulement nous entraîne journellement dans de fausses démarches; mais encore nous aveugle sur les dispositions des états de l'Europe.

Ainsi, nous marchons aujourd'hui généreusement en Espagne, sans espoir de conquêtes aucunes, à la recherche de je ne sais quelles doctrines, qui troublent le sommeil des potentats des bords de la Sprée et du Borysthène; et le noble désintéressement qui nous anime ne nous laisse pas même, dans ce don-quichotisme politique, la ressource des alternatives du bon écuyer de la Manche, qui se voyait, chaque jour, à la veille d'être empereur ou roué de coups. Or, qui s'avisera maintenant, je le demande, de nier le retour des mœurs chevaleresques?

Les révolutions ont quelque chose de positif et d'arrêté, qui demande d'autres secours, d'autres remèdes que ceux de l'imagination.

Celle qui sépara si distinctement l'Angleterre du continent, fut, comme en Espagne, nécessitée par l'envahissement du pouvoir religieux.

Henri VIII se vit forcé d'opérer comme roi, la réforme qu'il avait désapprouvée comme théologien.

Cette réforme porta un coup mortel à la puissance sacerdotale, qui s'était glissée entre le prince et la nation; et le réformateur se trouva seul opposé au parti populaire, alors représenté par l'aristocratie territoriale.

La nouvelle lutte qui commença entre ces deux principes, se termina par la glorieuse révolution de 1688.

Ferdinand VII, qui paraît avoir aussi peu compris la royauté que la théologie, n'aurait trouvé la force ni de blâmer, ni d'opérer une réforme religieuse quelconque; cependant le despotisme monacal semblait la rendre plus nécessaire, en Espagne, au 19ᵉ siècle, qu'elle ne le fut en Angleterre au 16ᵉ.

La nation prit l'initiative, et la révolution qu'elle opéra, la mit en face du pouvoir souverain, en détruisant l'intermédiaire inutile qui la dévorait.

Dans cette réformation, l'aristocratie espagnole, que ses faibles moyens territoriaux et pécuniaires ont réduite à faire cause commune avec le principe populaire, l'aristocratie n'aura pas à lutter avec la souveraineté.

Les deux pouvoirs qui se trouvent aujourd'hui en présence, n'auront donc à disputer que de prétentions prévues, comme leur existence l'est elle-même, par les institutions en vigueur.

Leurs altercations ne sauraient conséquemment être de longue durée; elles ne sauraient non plus, comme en Angleterre, à l'époque précitée, préparer une commotion nouvelle; elles n'ont ainsi rien d'inquiétant pour les états voisins.

C'est ce que n'ignore pas M. Canning, et ce que le ministère français n'aurait pas dû ignorer.

Quoi qu'il en soit, la France n'a pas craint d'entreprendre une guerre contre l'Espagne, et de l'entreprendre dans le système de la Russie.

Outre ses chances d'insuccès, cette guerre n'est rien moins que favorable aux intérêts de la France, qui combat pour une politique qui ne peut être la sienne, et travaille au rétablissement d'un ordre de choses qui, jadis re-

poussé par elle, lui sera infailliblement ra-
mené, si quelque jour l'empereur Alexandre,
s'appuyant de l'exemple que nous lui don-
nons, s'avise de s'ingérer dans le gouvernement de ses voisins, et s'obstine à transformer,
de proche en proche, tous les États de l'Europe en simples pachalicats.

Je sais à quelle distance infinie s'étendent
ces déductions ; mais lorsqu'il est question de
principes, il est toujours bon, ce me semble,
d'accuser les possibilités.

La France, qui pouvait ressaisir sa suprématie, en renouvelant le pacte de famille en
faveur de la liberté, et en admettant dans cette
contre-sainte-alliance tous les États constitutionnels de l'Europe occidentale, la France a
préféré d'attaquer le système représentatif es-
pagnol aux Pyrénées, que d'aller défendre le
sien aux frontières du nord.

Et cependant, l'attitude que la Russie,
l'Autriche et la Prusse avaient prise au dernier congrès, et celle qu'avaient gardée la
France et l'Angleterre, semblaient rendre,
surtout au cabinet des Tuileries, cette alliance
naturelle et nécessaire.

M. Canning n'en a pas douté ; aussi l'agression de la France envers l'Espagne a-t-elle été

pour lui la clef de l'alliance secrète, conclue à Vérone, entre l'envoyé de Saint-Pétersbourg et M. de Montmorency; alliance qui résulte implicitement des actes ultérieurs du gouvernement français.

On voit maintenant combien il importait d'établir dans la première partie de cet ouvrage, le caractère de l'agression préméditée de la France envers l'Espagne; cette agression étant l'indice le plus certain et le premier témoignage de l'influence illimitée qu'exerce aujourd'hui la Russie sur le ministère français.

Nous avons vu qu'une ligue dirigée contre cette puissance, et destinée à entraver la marche prodigieuse de ses accroissemens, était devenue presque nécessaire à l'Angleterre.

Par le fait même de la préexistence de la Sainte-Alliance que domine si despotiquement la Russie, l'essence de la coalition que doit former l'Angleterre pour contreminer cette ligue anti-constitutionnelle, ne saurait être basée que sur les principes admis dans les monarchies représentatives.

L'agression de la France envers la Péninsule, l'a placée au dehors de cette coalition, dans laquelle elle devait prendre rang au-dessus de l'Espagne et du Portugal.

Elle l'a placée de manière à se présenter à l'Angleterre comme les premiers flots de ce dangereux torrent qui se précipite du pôle et menace de tout engloutir.

L'Angleterre n'a pas manqué de l'envisager sous cet aspect, et les chantiers de Plimouth, de Portsmouth et les Dunes se sont promptement encombrés des formidables digues qu'elle s'apprête à nous opposer.

L'Angleterre ne reculera pas devant la guerre; mais l'Angleterre ne l'a pas provoquée : elle en acceptera les chances; mais elle ne les a pas devancées. Je dis plus, l'Angleterre a tout tenté pour prévenir cette fâcheuse lutte ; ses négociations ont provoqué l'injuste impatience de tous les cabinets européens, et récemment encore, M. Canning, s'adressant aux Chambres, les suppliait *au nom de Dieu*, de ne pas révoquer le bill d'enrôlement.

Chez un peuple aussi avare d'exclamations que le peuple anglais, et de la bouche d'un breton aussi fier que M. Canning, une telle expression ne saurait être proférée et reçue légèrement ; la crainte d'une rupture trop prochaine avec la Russie peut seule l'avoir amenée. *Au nom de Dieu,* veut dire ici : l'Angleterre n'est pas en mesure de combat-

tre ; et l'aréopage anglais, si vieil et si expéri-
menté, a d'un commun accord, scellé de son
vote l'interprétation de cet éloquent laconisme.

La Russie, de son côté, trouvera sans doute
dans ses finances et dans les murmures de son
aristocratie, de graves motifs de temporisa-
tion ; mais sa politique a trop fait, les événemens sont en présence, la marche du globe
les précipite, et peut-être, au premier jour,
les lances des uhlans brilleront de nouveau
au soleil de la Seine.

Les épées anglaises ou les sabres tartares,
telle est l'alternative que nous préparait le
passage des Pyrénées. La France, cette Grèce
moderne, qu'on a vue tranquillement assise
aux jeux olympiques, tandis que ses guerriers
mouraient aux Thermopyles ; la France, qui
compta tant de Pausanias, héros et traîtres
tour-à-tour, aura-t-elle un Thémistocle à opposer aux Xercès à venir?

Je l'ignore ; mais l'irrévérente admonition
de M Canning au gouvernement français, et
la rudesse de ses réponses aux interpellations
de lord John Russel, nous font assez connaître, et l'animosité que nos liaisons secrètes du
Nord ont fait naître, et le genre d'agression
dont l'Angleterre nous menace.

« Malheur, disait naguères un de nos orateurs,
malheur aux nations qui se confient à l'étranger! les débris sanglans de la Pologne, les lam-
beaux du Dannemark et de la Saxe; Gênes,
Venise, Salzbourg, Trèves, Mayence, Cologne,
et tant d'autres états précipités dans le gouffre
des convenances et des usurpations, non moins
que les odieux traités de Pilnitz et de Paris,
nous ont appris à connaître la loyauté et le
désintéressement des cabinets européens, de
quelque nom sacré que leur alliance se décore. «
— Les fruits de l'intervention anglaise sont
amers ; mais Dieu nous garde du patronage
russe; et plutôt que de le souffrir, il faudrait
s'écrier avec Tyrtée : O Spartiates ! marchons
à l'ennemi, marchons le pas assuré, chaque
héros ferme à son poste, et se mordant les
lèvres.

FIN.

IMPRIMERIE D'ABEL LANOE, RUE DE LA HARPE.

Pour paraître incessamment.

———

PRÉCIS DE L'HISTOIRE D'ESPAGNE, par M. Alph. *Rabbe.* Un vol. in-18 de 400 pages.

ESSAI SUR LES INQUISITIONS DU NORD, par M. *Loève-Veimars.* Un vol. in-8°.

Ces Ouvrages se trouveront également chez PLANCHER, *libraire, quai Saint-Michel,* n° 15.